Geldgeschenke
einfach raffiniert

Ich war kurz für Dich am Ende des REGENBOGEN

LASS' KRACHEN

BUMM

!!!BUMM!!!

PENG!!!

Vorwort

„Geschenke müssen gar nicht sein, etwas Bares wäre fein!" – diesen oder zahlreiche andere Sprüche dieser Art finden wir sehr häufig auf Einladungen. Eigentlich schön praktisch, aber auch etwas langweilig, oder? Doch Geld zu verschenken muss überhaupt nicht unkreativ sein!

In diesem Buch finden Sie jede Menge fantasievoller Anregungen für tolle und gar nicht langweilige Geldgeschenke für Geburtstag, Hochzeit, Weihnachten und viele weitere Anlässe. In Form von zauberhaften Einhörnern, hochexplosiven Dynamitstangen oder liebevollen Grußkarten wird Bargeld im Handumdrehen zu einer originellen Geschenkidee.

Ausführliche Anleitungen und Faltskizzen sowie Vorlagen im Originalformat machen das Umsetzen der Ideen zu einem Kinderspiel. Außerdem können viele der Modelle vom Beschenkten sogar noch weiter verwendet werden, nachdem das Geld abgenommen wurde. Somit verschenken Sie nicht nur Bares, sondern gleichzeitig eine bleibende Erinnerung an einen tollen Tag!

Viel Spaß beim Nachbasteln und Verschenken wünscht,

Birgit Kaufmann

Ihre Birgit Kaufmann

Lass krachen!

Dynamitstangen mit Überraschungseffekt

MOTIVGRÖSSE
14 cm x 25 cm

MATERIAL
- Holzbox, 14 cm x 25 cm x 6 cm
- Acrylfarbe in Dunkelbraun
- Kopierpapierrest in Rot, Gelb und Apricot
- Seidenpapier, A4
- Lackstifte in Weiß und Schwarz
- Paketschnur, 50 cm lang
- Schokolinsen-Rolle, ø 2,5 cm, 12 cm lang
- Münzrollen, Menge nach Belieben

VORLAGE
Bogen A

1 Die Acrylfarbe im Verhältnis 1:4 mit Wasser verdünnen. Damit die komplette Box streichen und gut trocknen lassen. Den Deckel der Box innen und außen mithilfe der Vorlagen beschriften

2 Die Schokolinsen- und Münzrollen in passend zugeschnittene Papierrechtecke einwickeln. Nach Belieben beschriften und verzieren.

3 Als Zündschnur kleben Sie etwa 8 cm lange Schnurstücke auf die „Dynamitstangen". Die Stangen selbst können ebenfalls teilweise mit Paketschnur umwickelt werden.

4 Die Kiste mit Seidenpapier auskleiden und die Dynamitstangen hineinlegen.

Mein Tipp für Sie

Wenn Sie keine schöne Holzbox finden oder es mal schnell gehen muss, können Sie alle Dynamitstangen mit zwei schwarzen Haushaltsgummis zu einem „Sprengsatz" bündeln.

Du Sparfuchs!

tierisch clevere Geldanlage

MOTIVHÖHE
ca. 15 cm

MATERIAL
- Toilettenpapierrolle
- Leinenstrukturpapier in Gelb, 23 cm x 9 cm
- Leinenstrukturpapierreste in Orange, Weiß, Schwarz und Lila
- Motivkartonrest in Grün
- Garnkordel in Goldfarben, 10 cm lang
- Webband in Hellgrün gemustert, 5 mm breit, 25 cm lang
- Klebesteinchen in Rosa, ø 5 mm

VORLAGE
Bogen A

1 Alle Vorlagen auf das jeweilige Papier übertragen und ausschneiden. Die einzelnen Elemente für den Kopf zusammensetzen – orientieren Sie sich hierfür an der Vorlage. Das Gesicht mit Lackstiften aufmalen und mit Buntstiften schattieren.

2 Die Klopapierrolle rundum mit gelbem Papier bekleben. Den Kopf, Bauch und Schwanz an der Rolle befestigen. Diese anschließend auf den Kreis aus grünem Motivkarton setzen und fixieren.

3 Den Geldschein in der Mitte falten und dann zum Fächer legen. Mittig mit etwas Kordel abbinden. Der Fuchs erhält eine Geldschein-Fliege, die Füchsin eine Haarschleife. Zusätzlich kleben Sie für das Fuchsmädchen einen Gürtel aus Webband um die Rolle und setzen eine kleine Blume mit Glitzerstein darauf.

Mein Tipp für Sie

Variante Schließen Sie die Rolle oben zusätzlich mit einem Papierkreis mit Schlitz, so kann der Fuchs als Spardose verwendet werden. Er macht sich aber auch sehr gut als Stiftehalter auf dem Schreibtisch!

Segensreicher Geldregen

Diese Regenwolken sind Gold wert!

MOTIVGRÖSSE

29 cm x 18 cm

MATERIAL

- Aquarellpapier oder handgeschöpftes Papier in Weiß, A3
- Satinband in Hellblau, Blau oder Hellgrün, 5 mm breit, 40 cm lang
- Fotokartonrest in Kupferfarben **oder** Motivkartonrest in Rot oder Gelb
- 4 Perlen in Türkis, ø 5 mm
- 2 Perlen in Türkis, ø 1 cm
- Glitzerfaden in Weiß, ca. 70 cm lang

VORLAGE

Bogen A

1 Die Wolke zweimal auf das Aquarellpapier übertragen, sodass beide Wolken später exakt übereinander gelegt und zusammengenäht bzw. -geklebt werden können. Wolken sorgfältig ausschneiden.

2 Auf der Wolke, die später hinten liegen soll, kleben Sie das Satinband etwa 3 cm vom unteren Rand entfernt auf. Ein Bandende muss etwa 10 cm über die Wolke hinaushängen, dieses dient später zum Aufreißen. Ans Ende des Satinbandes nach Belieben einen Regentropfen, ein Herz oder einen Stern kleben und mit „Hier öffnen" beschriften.

3 Nähen oder kleben Sie dann beide Wolken knappkantig zusammen. Achten Sie darauf, das Satinband nicht mit einzunähen und lassen Sie eine etwa 5 cm große Öffnung zum Befüllen.

4 Befüllen Sie die Wolke nun durch die Öffnung mit Münzen, Scheinen und Regentropfen aus Fotokarton. Danach die Wolke vollständig schließen. Die Vorderseite nach Belieben mit einem Herz oder Stern aus Motivkarton verzieren.

5 Schneiden Sie nun 8 Tropfen in verschiedenen Größen aus Fotokarton aus und fädeln Sie diese mit Perlen auf Nähgarn auf, sodass drei Mini-Girlanden entstehen. Diese an der Unterseite der Wolke befestigen und Geldmünzen aufkleben.

Mein Tipp für Sie

Wenn die Zeit knapp ist, können Sie die Girlanden auch weglassen – die Wolken sehen auch ohne sehr hübsch aus!

Gute Fahrt!

Schlüsselanhänger für Fahranfänger

MOTIVLÄNGE
13–15 cm

MATERIAL
- Holzkugel, ø 3 cm
- Holzkugel, ø 2 cm
- 2 Holzkugeln, ø 1,5 cm
- 2 Holzkugeln, ø 1 cm
- Acrylfarbe in Weiß, Hell- und Dunkelgrau oder Weiß, Kupferfarben und Brombeere
- Velourslederband in Senfgelb oder Lila, 30 cm lang
- Garnkordel in Kupferfarben, 25 cm lang
- Schlüsselring

1 Auf den Holzkugeln mit Klebeband ein beliebiges Muster abkleben und das abgeklebte Segment bemalen. Nach dem Trocknen das Klebeband abziehen, nächstes Segment abkleben und bemalen. Gut trocknen lassen.

2 Das Lederband mittig zusammenlegen und mit einer Schlinge am Schlüsselring befestigen. Die drei großen Holzkugeln der Größe nach auf die Enden des Lederbandes fädeln und unten gut verknoten.

3 Die Kordel ebenfalls in der Mitte zusammenlegen, am Schlüsselring befestigen und die drei Perlen mit 1 cm und 1,5 cm Durchmesser abwechselnd auffädeln. Die Kordel verknoten und die Enden lang lassen.

4 Den Geldschein anhand der Skizzen in Form eines Autos falten und an den Enden der Kordel mit Klebeband fixieren.

1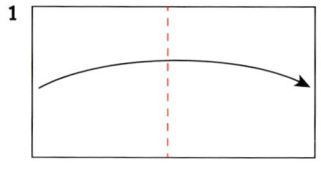

Geldschein mittig falten und um 90° Grad drehen.

2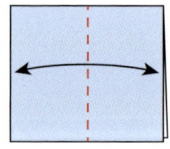

Falten und wieder öffnen.

3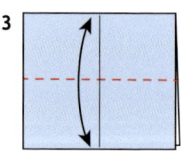

Falten und wieder öffnen.

4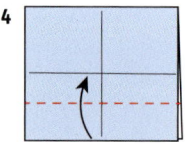

Untere Kante zur Mitte falten.

5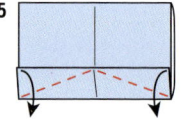

Linke und rechte Ecke nach unten falten.

6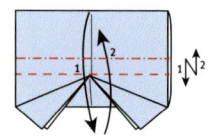

Erst obere Kante nach unten falten, dann im Zickzack-Falz wieder nach oben falten.

7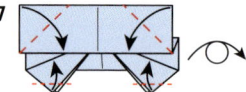

Linke und rechte obere Ecke zur Kante falten und untere kleine Ecken nach oben falten. Schein wenden.

8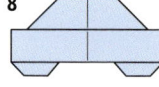

Fertig.

Sicheres Floß

Zu Kommunion, Firmung oder Taufe

MOTIVGRÖSSE
ca. 15 cm x 17 cm

MATERIAL
- 6 Holzstücke, ø ca. 2 cm, ca. 15 cm lang
- Bakers Twine in Weiß-Grün, 3 m lang
- Fotokartonrest in Weiß
- Lackstift in Goldfarben
- Masking Tape in Dunkelblau glitzernd
- Klebeknete

VORLAGE
Bogen A

1 Fünf Holzstücke zusägen und an den Enden jeweils mit 30 cm langem Garn umwickeln und fest verknoten.

2 Die Holzstücke nebeneinander legen und mit Heißkleber zum Floß zusammenfügen. Das sechste Stück senkrecht als Mast befestigen.

3 Falten Sie aus dem Geldschein anhand der Skizzen einen Fisch.

4 Die Vorlage für das Segel übertragen und ausschneiden. Bemalen Sie es mit Buntstiften und beschriften es mit Lackstift.

5 Das obere und untere Ende des Segels fixieren Sie nun 2 cm unter der Mastspitze mit je einem Tropfen Heißkleber. Anschließend kleben Sie ein etwa 10 cm langes Stück Masking Tape um den Mast und schneiden es am Ende v-förmig ein, sodass eine Flagge entsteht.

6 Den Geld-Fisch mit Klebeknete am Segel fixieren.

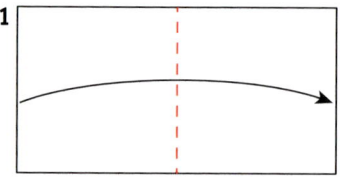

Geldschein mittig falten.

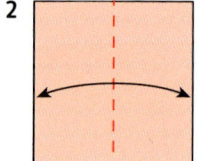

Mittig falten und wieder öffnen.

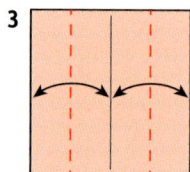

Beide kurze Seiten zur Mitte hin falten und alle Faltungen öffnen.

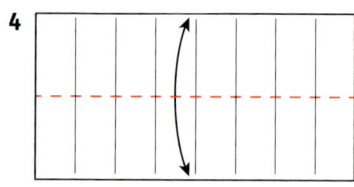

Schein an der Längsachse mittig falten, wieder öffnen.

Weiter geht es auf Seite 14.

5

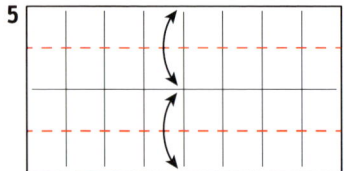

Beide lange Seiten zur Mitte hin falten und
alle Faltungen öffnen.

6

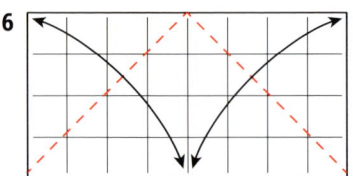

Zuerst die beiden oberen Ecken zur Mitte falten und wieder öffnen ...

7

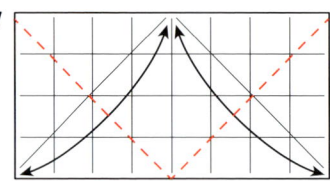

... dann die beiden unteren Ecken ebenfalls zur
Mitte falten und wieder öffnen.

8

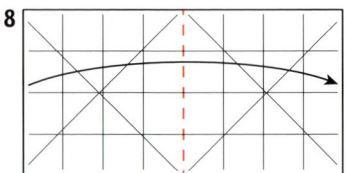

Geldschein mittig falten.

9

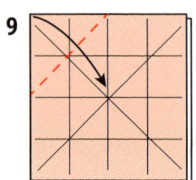

Die linke obere Ecke
zur Mitte falten.

10

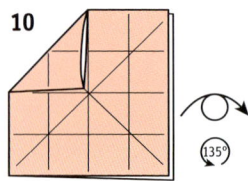

Die Arbeit wenden und um 135°
nach links drehen.

11

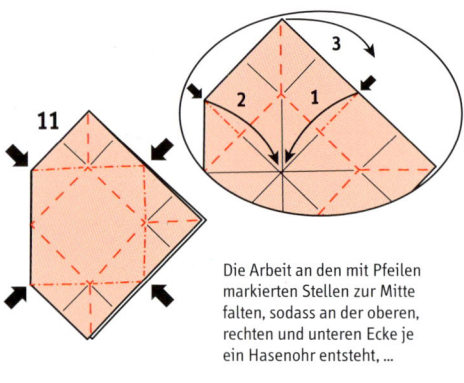

Die Arbeit an den mit Pfeilen
markierten Stellen zur Mitte
falten, sodass an der oberen,
rechten und unteren Ecke je
ein Hasenohr entsteht, ...

12

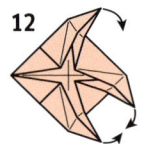

... das dann wie angege-
ben umgelegt wird.

13

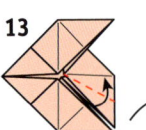

Die Arbeit flach drücken,
die hintere Flosse aus-
bilden und den Schein
wenden.

14

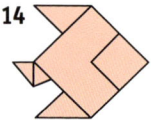

Fertig ist der Fisch.

Fröhlicher Baumschmuck

Engelchen und Tannenbäumchen

MOTIVHÖHE

ENGELCHEN
ca. 10 cm

TANNENBAUM
14–17 cm

MATERIAL
PRO ENGELCHEN
- Holzkugel, ø 3 cm
- Garnkordel in Goldfarben, 40 cm und 25 cm lang
- Engelshaar
- Klebesternchen
- Zahnstocher

PRO TANNENBAUM
- Leinenstrukturpapierrest in Hell- oder Dunkelgrün
- Fotokartonrest in Gold
- Kordel in Gold, 25 cm lang
- Häkelband in Grün, 11 cm lang
- Klebesteinchen in beliebigen Farben
- Zimtstange

VORLAGE
Bogen B

Engelchen

1 Falten Sie für das Kleid einen Geldschein von der schmalen Seite her zum Fächer. Für die Flügel falten Sie einen zweiten Schein zunächst in der Mitte und verarbeiten ihn dann ebenfalls zum Fächer.

2 Das obere Viertel des ersten Geldscheins mit der langen Kordel abbinden. Mit den Kordelenden den zweiten Geldschein mit einfassen, mehrmals über Kreuz umwickeln und dann verknoten, sodass die Flügel mit dem Kleidchen verbunden werden.

3 Mit Lack- und Buntstiften das Gesicht auf die Holzkugel malen. Anschließend die Kugel an einen Zahnstocher kleben, diesen dann in einer Falte des Kleides feststecken. Auf der Rückseite mit Klebeband fixieren.

4 Die kürzere Kordel in der Mitte zusammenlegen und die Enden verknoten. Mit Heißkleber als Aufhängung in die Holzkugel kleben.

5 Das Engelshaar an der Holzkugel befestigen. Mit Klebesternchen verzieren.

Weiter geht es auf Seite 16.

Tannenbaum

1 Den Geldschein laut Vorlage zum Dreieck falten.

2 Die Vorlagen auf das jeweilige Papier übertragen und ausschneiden.

3 Den Geldschein mit Klebeknete mittig auf dem Papier befestigen.

4 Die Kordel in der Mitte zusammenlegen und von hinten als Aufhängung am Baum festkleben. Die Zimtstange mit Heißkleber auf der Rückseite des Bäumchens fixieren.

5 Den Stern auf die Baumspitze kleben. Nach Belieben mit Klebesteinchen und Häkelband verzieren.

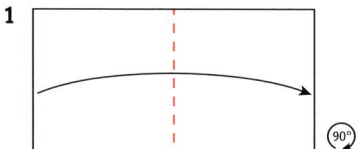

Geldschein mittig falten und um 90° drehen.

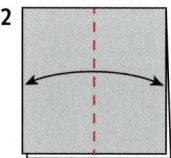

Nochmals mittig falten.

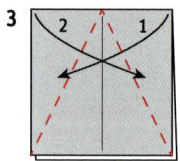

Zuerst die rechte obere Ecke einfalten, dann die linke.

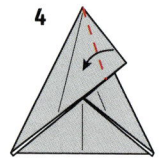

Den überstehenden Rand zurückfalten.

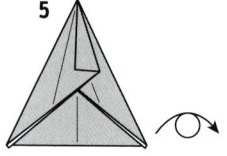

Die Arbeit wenden ....

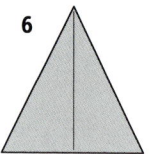

... und fertig ist die Tanne.

Volle Kanne

für liebe Frostbeulen

MOTIVHÖHE
ø 13 cm, ca. 13 cm hoch

MATERIAL
- Teekanne aus Glas, ø 13 cm, ca. 13 cm hoch
- Porzellanmalstifte in Schwarz, Grün, Blau und Gelb
- 2 Teefilterbeutel
- Kordel in Hellblau und Dunkelblau, ø 2 mm, 80 cm lang
- Garntassel in Hellgrün
- Motivkartonrest in Grün
- Bürohefter

VORLAGE
Bogen A

1 Die Vorlage für die Motive vom Vorlagenbogen kopieren oder auf Transparentpapier übertragen. Von innen an die Kanne kleben.

2 Mit den Porzellanmalstiften die Vorlage nachfahren. Bitte beachten Sie die Angaben des Herstellers, manche Porzellanfarben müssen eingebrannt werden.

3 Die Teefilterbeutel mit Tee oder kleinen Süßigkeiten befüllen. Die Ecken der Filter zur Mitte hin falten und die obere Kante nach unten umklappen. Je ein Kordelstück von etwa 20 cm Länge mit dem Bürohefter an die Teebeutel tackern. Am anderen Ende der Kordel ein kleines Etikett aus Motivkarton festknoten. Nach Belieben beschriften.

4 Für die Geld-Teebeutel den Schein anhand der Skizzen falten. Mit Klebeband ein Stück Kordel befestigen und auch hier am Ende ein kleines Etikett anbringen.

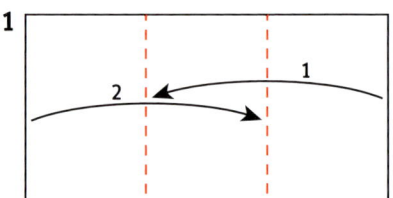

Zuerst die rechte Seite, dann die linke Seite um ein Drittel nach innen falten.

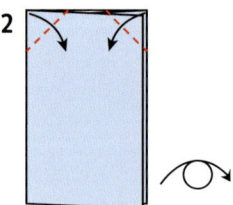

Die beiden oberen Ecken um ca. ein Drittel der Breite nach unten falten, Schein wenden ...

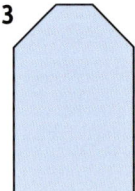

... und schon ist der Teebeutel fertig .

Hochzeitstauben

Gefiederte Liebesboten

MOTIVHÖHE
ca. 45 cm hoch

MATERIAL
- Fotokartonrest mit Leinenstruktur in Weiß und Hellgelb
- 6 Blatt Faltpapier in Grüntönen, 7,5 cm x 15 cm
- Juteband, ca. 12 cm x 28 cm
- Häkelband, 5 cm breit, 28 cm lang
- Häkelband, 1,5 cm breit, 28 cm lang
- 7 Papierrosen in Weiß, ø 4 cm
- Lackstift in Gold und Schwarz
- dünner Draht in Goldfarben, ca. 2 m lang
- Schraubglas, ø 8 cm, ca. 12 cm hoch
- Steckschwamm
- Zweig (z. B. von der Korkenzieherhaselnuss), ca. 40 cm lang
- etwas Reis

VORLAGE
Bogen A

1 Das Glas zu drei Vierteln gut mit Steckschwamm füllen, sodass nichts verrutschen kann. Kleben Sie dann das Juteband rundum um das Glas. Anschließend fixieren Sie das breite Häkelband in der Mitte, das schmale am oberen Rand des Glases. Stecken Sie den Zweig in den Steckschwamm und füllen Sie das Glas mit Reis auf.

2 Das Täubchen zweimal auf Fotokarton übertragen und sorgfältig ausschneiden. Bemalen Sie die Vögel wie in der Vorlage angegeben mit goldfarbenem und schwarzem Lackstift. Die Schnäbel von hinten ankleben. Falten Sie nun für die Flügel je einen Geldschein zum schmalen Fächer und stecken ihn durch die Öffnung im Vogelkörper.

3 Falten Sie die Blätter anhand der Skizzen. Die grünen Blätter aus Faltpapier werden auf die gleiche Weise angefertigt. Anschließend befestigen Sie alle Blätter und auch die Tauben mit Drahtstücken am Zweig. Die Rosen mit Heißkleber am Zweig fixieren.

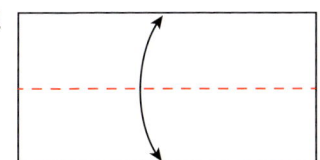

Geldschein der Länge nach mittig falten und wieder öffnen.

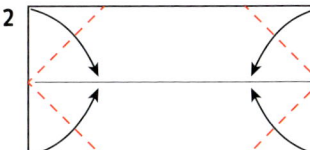

Alle vier Ecken zur Mittellinie falten.

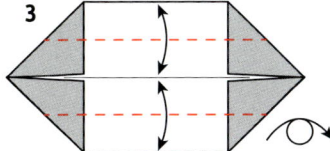

Obere und untere Kante zur Mittellinie falten und wieder öffnen, Arbeit wenden.

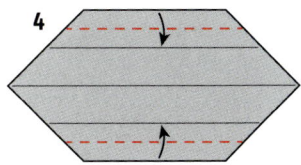

Kanten jeweils zur neu entstandenen Linie falten.

Weiter geht es auf Seite 22.

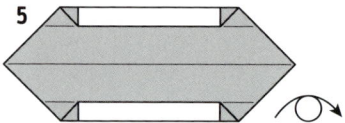

Schein wenden.

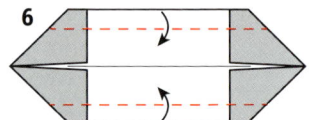

Die Kanten jeweils an der Talfalte nach unten bzw. oben falten.

Schein wenden.

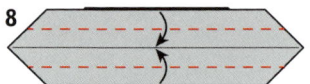

Die Kanten zur Mittellinie falten.

Obere und untere Kante nach hinten umknicken.

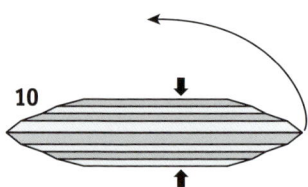

Beide langen Seiten sind nun fächer-artig gefaltet. An der Pfeilposition zu-sammendrücken und die rechte Seite nach oben Knicken.

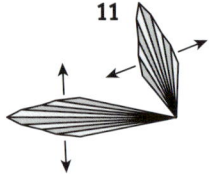

Blätter vorsichtig ausein-anderziehen.

Hübsche Ruck-Zuck-Karten

Passendes Geschenk für jede Gelegenheit

MOTIVGRÖSSE
12 cm x 17 cm

MATERIAL
ZUR EINSCHULUNG
- Doppelkartenrohling in Weiß, 12 cm x 17 cm
- Fotokarton in Gelb kariert, 12 cm x 6 cm
- Tonpapier in Türkis gemustert, 11 cm x 15 cm
- Garn in Hellgrün, 25 cm lang
- Buchstaben-Aufkleber
- Lackstift in Goldfarben

ALLES LIEBE
- Blankokarte in Creme, 12 cm x 17 cm
- Stoffrest mit Rosenmuster, 11 cm x 16 cm
- Papierrest mit Leinenstruktur in Rot
- Lackstift in Goldfarben
- Zackenschere
- Buntstift in Rot

VORLAGE
Bogen A

Zur Einschulung

1 Falten Sie den Gelschein anhand der Skizzen zu einer Schultüte.

2 Falten Sie nun den Verschluss für die Schultüte, indem Sie das gelb karierte Papier der Länge nach zum Fächer falten und anschließend mittig knicken. Das Garn um den Verschluss wickeln und eine Schleife binden. Das Ganze dann von hinten mit Klebeband an der Schultüte befestigen.

3 Das türkisfarbene Papier mit einem Klebestift mittig auf der Blankokarte fixieren. Die Schultüte mit Klebeknete auf der Karte befestigen und diese mit Aufklebern und Lackstift verzieren.

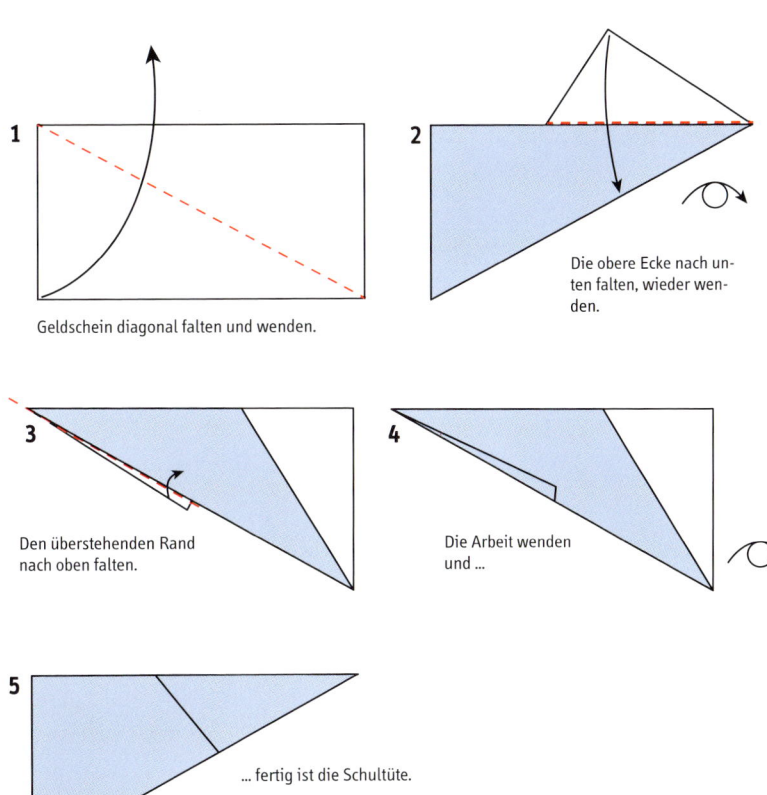

1 Geldschein diagonal falten und wenden.

2 Die obere Ecke nach unten falten, wieder wenden.

3 Den überstehenden Rand nach oben falten.

4 Die Arbeit wenden und …

5 … fertig ist die Schultüte.

Weiter geht es auf Seite 24.

Alles Liebe

1 Schneiden Sie den Rand des Stoffs mit der Zackenschere zu. Fixieren Sie den Stoff mit einem Klebestift auf der Blanko-karte.

2 Übertragen Sie die Vorlage für das Banner auf das rote Papier und schneiden Sie es aus. Dann das Banner mit Buntstiften schattieren und strukturieren.

3 Beschriften Sie das Banner mit dem Lackstift und kleben Sie es auf die Karte.

4 Falten Sie aus dem Geldschein ein Herz (siehe So wird's gemacht) und befestigen Sie auch dieses auf der Karte.

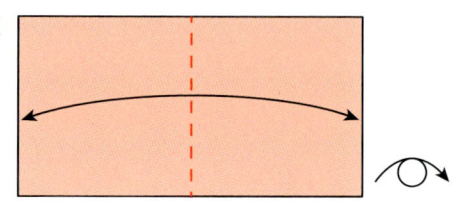

1 Geldschein mittig falten, wieder öffnen und wenden.

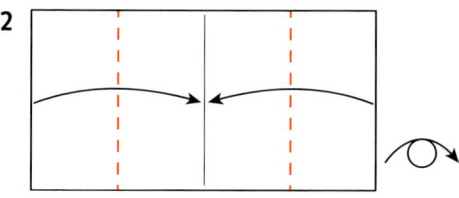

2 Die äußeren Kanten zur Mitte falten, Arbeit wenden.

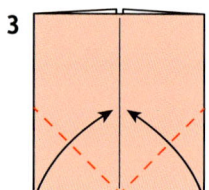

3 Die unteren Ecken jeweils zur Mitte falten.

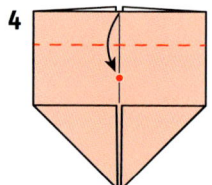

4 Den Rand der oberen Papierlage nach unten auf den markierten Punkt falten.

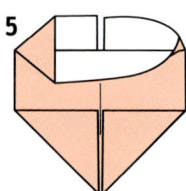

5 Die sich seitlich öffnenden Ecken ...

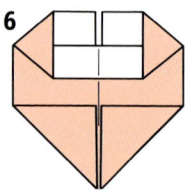

6 ... zu Dreiecken flach drücken.

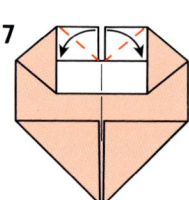

7 Die hinteren oberen Kanten einfalten.

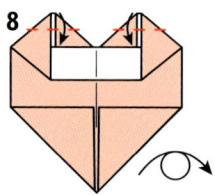

8 Die oberen Spitzen zur Kante falten, Schein wenden.

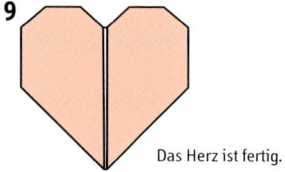

9 Das Herz ist fertig.

Mein Tipp für Sie

Aus Stoffresten können Sie auch passende Umschläge und Briefmarken gestalten!

VON MIR

FÜR DICH

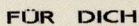

Mr. Right &

Mrs. always Right

Magisches Einhorn-Mobile

Ein Gruß aus der Traumwelt

MOTIVGRÖSSE

ca. 35 cm x 40 cm

MATERIAL

- 2 Bogen Fotokarton in Weiß, A2
- Feste Pappe in beliebiger Farbe, A2
- Fotokartonrest in Rosa, Weiß, Rosa gemustert, Türkis gemustert und Goldfarben
- Nähgarn in Rosa irisierend, ca. 2,5 m lang
- Masking Tape in Hellblau mit Wölkchen
- Fineliner in Schwarz
- Lackstift in Weiß
- Buntstifte in Gelb, Orange, Rot, Pink, Lila, Blau und Grün

VORLAGE

Bogen A

1 Die Pappe von beiden Seiten mit weißem Fotokarton bekleben. Dann die Wolkenvorlage zwei Mal darauf übertragen und ausschneiden. Eine Wolke, wie markiert, an der Oberseite, die andere an der Unterseite einschneiden, sodass beide Teile später ineinander gesteckt werden können.

2 Alle anderen Elemente vom Vorlagenbogen auf den jeweiligen Fotokarton übertragen und sorgfältig ausschneiden. Den Regenbogen auf Vorder- und Rückseite mit Buntstiften aufmalen. Die kleinen Wölkchen jeweils an die beiden Enden des Regenbogens kleben.

3 Das Herz benötigen sie in doppelter Ausführung. Die Krone und die zwei Flügel zwischen die beiden Herzen kleben.

4 Mähne, Pony und Schweif in Regenbogenfarben anmalen. Danach an entsprechender Stelle am Körper des Einhorns festkleben. Das Gesicht aufmalen, auf die Hufe und das Horn Akzente in Weiß setzen. Nach Belieben auch den Einhornkörper verzieren.

5 Den Schlitz für den Geldschein vorsichtig mit einem Cutter ausschneiden. Den Geldschein schmal in Fächerform falten, durch den Schlitz stecken und anschließend an beiden Seiten wieder etwas auffächern.

6 Mithilfe einer Nadel ein Stück Nähgarn an jedem Element befestigen, die Enden verknoten und mit etwas Klebeband an einem der beiden Wolkenteile fixieren. Das Einhorn sollte dabei in der Mitte, am unteren Rand der oben eingeschnittenen Wolke befestigt werden. Um die Fadenenden zu kaschieren, rundum an der unteren Wolkenkante Masking Tape anbringen.

7 Nun die beiden Wolkenteile zusammenstecken und wenn nötig mit Klebeband fixieren. Am oberen Ende der Wolke ein ca. 50 cm langes Fadenstück als Aufhängung befestigen.

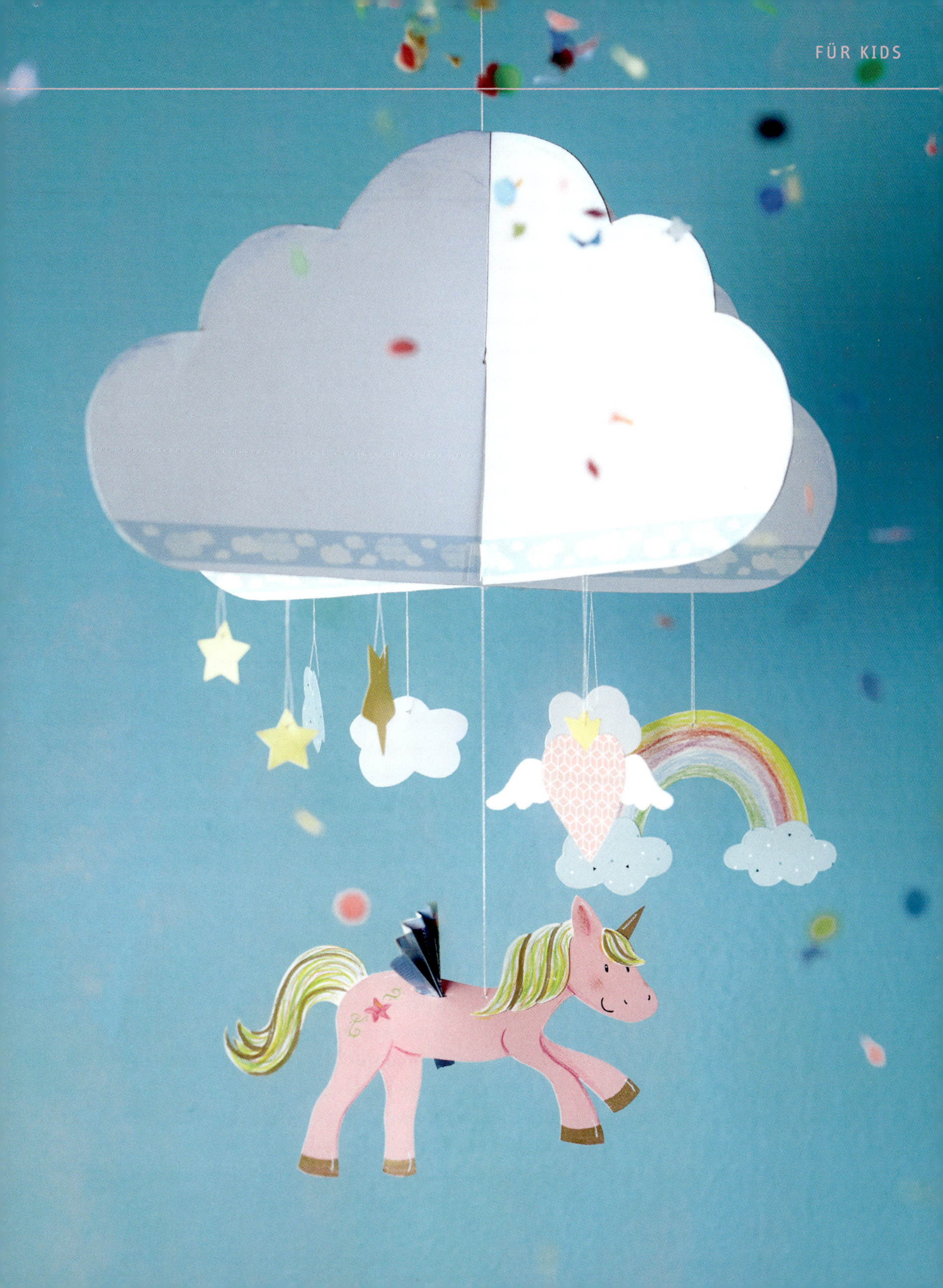

Prächtiger Heißluftballon

Für romantische Momente zu zweit

MOTIVHÖHE

ca. 60 cm hoch

MATERIAL

- Papierlampion in Rosa, ø 30 cm
- Körbchen, ø 14 cm, 12 cm hoch
- Häkelband in Weiß, 2,5 cm breit, 45 cm lang
- Steckschwamm
- 4 Papierstrohhalme in Weiß-Gold gestreift, je 20 cm lang
- Garn in Goldfarben, 1 m und 3 m lang
- Masking Tape in Blau glitzernd, Silber glitzernd, Grün gepunktet, Kupferfarben und Rosa
- 5x Tüll in Weiß, je 10 cm x 15 cm
- Schaschlikspieß
- Blumen für den Korb

1   Das lange Stück Garn mit Wimpeln aus Masking Tape versehen. Dazu etwa 4 cm lange Tape-Stücke in einigem Abstand um das Garn legen, in der Mitte falten und zusammenkleben. Die Enden in unterschiedlichen Formen zuschneiden und die fertige Wimpelgirlande mit Heißkleber spiralförmig um den Lampion kleben.

2   Füllen Sie das Körbchen mit Steckschwamm. Stecken Sie die Papierstrohhalme im Schwamm fest und fixieren Sie anschließend den Lampion an den oberen Enden der Strohhalme. Falls nötig, können Sie ihn noch zusätzlich mit Klebeband verstärken.

3   Das Häkelband um das Körbchen kleben. Legen Sie nach Belieben Münzen in den zugeschnittenen Tüll und binden Sie alle Ecken zusammen, sodass ein Säckchen entsteht. Knoten Sie alle Säckchen an dem kürzeren Garnstück fest. Die so entstandene Kette um das Körbchen legen und mit Heißkleber befestigen.

4   Falten Sie die Geldscheine in Herz- und Fächerform (siehe So wird's gemacht). Kleben Sie ein Herz mit Klebeband am Körbchen fest, das andere befestigen Sie an einem Schaschlikspieß und stecken es in den Steckschaum. Die gefächerten Scheine als Schleifen an die Girlande binden.

5   Das Körbchen nach Belieben mit einem kleinen Strauß oder Kunstblumen befüllen.

Magischer Goldtopf

Schatz am Ende des Regenbogens

MOTIVGRÖSSE
ca. 30 cm x 23 cm

MATERIAL

- Fotokarton in Kupferfarben, 28 cm x 7 cm
- Fotokarton in Grün gepunktet, A4
- Aquarellpapier in Weiß, A4
- Aquarellfarbe in Gelb, Orange, Rot, Lila, Blau und Grün
- Lackstift in Hellblau metallic
- Papierstrohhalm in Hellblau-Weiß
- Silberdraht, 20 cm lang
- Klebepads
- Pinsel
- Süßigkeiten in goldfarbener Verpackung (Schokotaler, Pralinen, Bonbons, ...)

VORLAGE
Bogen B

1 Legen Sie den kupferfarbenen Fotokarton mit der Oberseite nach unten. Zeichnen Sie nun an allen Seiten im Abstand von 3,5 cm Markierungen ein. Alle gegenüberliegenden Punkte so verbinden, dass das Rechteck in gleich große Quadrate unterteilt wird.

2 Verbinden Sie nun auch die Punkte diagonal miteinander – erst von links nach rechts, dann von rechts nach links. Die waagerechten und diagonalen Linien sind Falzlinien, die senkrechten dienen lediglich als Hilfslinien. Vor dem Falten können Sie die Falzlinien noch vorsichtig mit dem Falzbein nachziehen, das erleichtert die Arbeit.

3 Legen Sie den Fotokarton nun mit der Oberseite nach oben. Zunächst die waagerechten Linien der Reihe nach von oben nach unten Falten und so zu Talfalten arbeiten. Anschließend den Karton wenden und die diagonalen Linien wieder eine Reihe nach der anderen umfalten. Abschließend die Enden überlappend zusammenkleben.

4 Auf Aquarellpapier mit Aquarellfarbe eine Sonne und einen Regenbogen aufmalen. Nach dem Trocknen können Sie mit metallicblauem Stift einen Spruch auf den Regenbogen schreiben. Sonne und Regenbogen mit Klebeband am Strohhalm befestigen.

5 Die ovale Form für den Untergrund auf Fotokarton übertragen, ausschneiden und den Goldtopf darauf mittig mit Klebepads fixieren. Goldfarbene Süßigkeiten in den Topf füllen, dazwischen immer wieder Geldmünzen verstecken.

6 Den Strohhalm an den Topfrand stecken. Nach Belieben noch einen Geldschein zum Fächer falten, ein Stück Draht daran befestigen und ebenfalls in den Topf stecken. Auf dem Untergrund Schokotaler und Geldmünzen fixieren.

Ich war kurz für Dich am Ende des REGENBOGENS.

Wunscherfüller-Zauberstab

Nicht nur für kleine Feen

MOTIVHÖHE
ca. 30 cm

MATERIAL
- Glitzerkarton in Weiß, A5
- Fotokarton bunt gestreift, A5
- Papierstrohhalm in Weiß-Silber gestreift
- Kräuselband in Weiß, 5 mm breit, 50 cm lang
- Garnkordel in Goldfarben, 50 cm lang
- Perlen in Apricot, Hellblau, Türkis und Hellgrün, ø 5 mm
- Buchstabenperlen „Von mir für dich"
- Klebeknete

VORLAGE
Bogen B

1 Die Vorlage für den großen Stern jeweils einmal auf den Glitzerkarton und den gestreiften Fotokarton übertragen und ausschneiden. Den Glitzerstern versetzt auf den gestreiften kleben.

2 Vier gleichwertige Geldscheine anhand der Skizzen zu kleinen Drachen falten und mit Klebeknete auf dem Glitzerstern fixieren. Außerdem aus dem gestreiften Fotokarton einen kleinen Stern schneiden und diesen mittig auf den Scheinen befestigen.

3 Den Strohhalm als Stab von hinten an den gestreiften Stern kleben. Die Perlen abwechselnd auf die Kordel fädeln und diese anschließend am Strohhalm festbinden.

4 Das Kräuselband am Strohhalm festknoten. Dann kräuseln und zerteilen Sie es nach Belieben in dünnere Stränge.

1
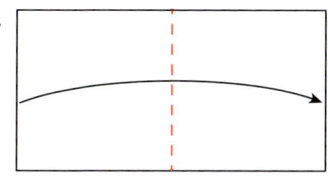
Geldschein mittig falten.

2
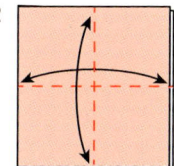
Senkrecht und waagerecht mittig falten und jeweils wieder öffnen.

3
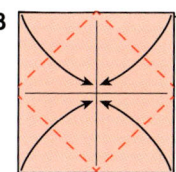
Alle vier Ecken jeweils zur Mitte falten.

4
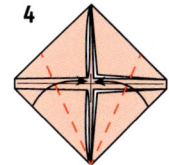
Die linke und rechte untere Kante jeweils zur Mitte falten.

5
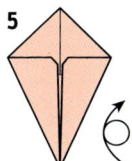
Die Arbeit wenden.

6
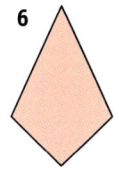
Die Faltschritte 1–5 mit drei weiteren Scheinen wiederholen.

Überraschungseier

kleiner Zuschuss vom Osterhasen

MOTIVHÖHE
ca. 12 cm

MATERIAL
- Seidenpapier in beliebiger Farbe, A2
- Wasserbombe
- Tapetenkleister

1 Den Kleister nach Herstellerangaben anrühren, eine kleine Menge reicht aus. Das Seidenpapier in 2–3 cm große Stücke reißen. Die Wasserbombe aufblasen und verknoten.

2 Die Seidenpapierschnipsel in drei Lagen rund um den Ballon kleben — oben sollte eine Fläche frei bleiben, durch die das Überraschungsei später befüllt werden kann!

3 Das Ei gut trocknen lassen. Den Luftballon oben aufschneiden und vorsichtig aus dem Ei ziehen.

4 Nun können Sie das Ei befüllen. Rollen sie Geldscheine zu schmalen Röllchen zusammen und befüllen Sie das Ei nach Belieben zusätzlich auch mit kleinen Süßigkeiten.

5 Anschließend schließen Sie die Öffnung mit einigen Stücken Seidenpapier und Kleister. Diesen dabei nur sehr sparsam verwenden, damit das Ei nicht aufweicht und sich verformt.

6 Nach erneutem Trocknen mit einem Cutter die Eierschale rundherum mit einigen kleinen Schnitten perforieren, damit das Ei leichter geöffnet werden kann.

Mein Tipp für Sie

Achtung, manche Seidenpapiere färben aus! Sicherheitshalber sollten Einmalhandschuhe verwendet werden.

Geldwäsche mit Stil

Immer schön sauber bleiben!

MOTIVGRÖSSE
5–8 cm

MATERIAL
- 500 g Rohseife transparent
- Seifenfarbe
- Seifenduftöl
- Seifengießformen
- alte Tasse
- Tonkartonrest in Weiß
- Wasserfester Filzstift in Schwarz

VORLAGE
Bogen B

1 Die Vorlagen für die Seifenlabel auf Tonpapier übertragen und sorgfältig ausschneiden. Münzen bereit legen.

2 Zunächst die Hälfte der Seife in kleine Stücke schneiden und in die Tasse geben. Nach Herstellerangaben in der Mikrowelle erhitzen und nach Belieben mit einigen Tropfen Duftöl und Seifenfarbe mischen.

3 Flüssige Seife sofort in die Formen gießen. Die Label vorsichtig in die Masse einlegen, evtl. mit einem Zahnstocher nach Wunsch platzieren.

4 Die Masse etwas fest werden lassen und die Münzen dann auf der Seife verteilen.

5 Lassen Sie die Seife nach Herstellerangaben gut auskühlen, dann vorsichtig aus der Form drücken.

Mein Tipp für Sie

Zum Verschenken können die Geldwäsche-Seifen in eine Pappbox gelegt werden. Damit nichts durchweicht, am besten Frischhaltefolie und Seidenpapier unterlegen!

GELDWÄSCHE
- IMMER SCHÖN SAUBER BLEIBEN

Viel Glück im neuen Heim!

mehr als Brot und Salz zum Einzug

MOTIVHÖHE
26 cm

MATERIAL

- fertige Brotbackmischung in der Flasche, 1 l
- Klebefolie in Holzoptik, 13 cm breit, Länge entsprechend Flaschenumfang
- 3 gemusterte Webbänder, 1 cm breit, 40 cm lang
- 2 Stück Kordelgarn in Kupferfarben, je 40 cm lang
- Reagenzglas, 10 cm lang
- Holzperle, ø 12 mm
- Salz

VORLAGE
Bogen B

1 Die Vorlage für die Banderole auf die Klebefolie übertragen und mit dem Cutter sorgfältig das Haus ausschneiden. Den Spruch mit schwarzem Lackstift aufsetzen. Nun die Folie vom Trägerpapier lösen und möglichst faltenfrei um die Flasche kleben.

2 Das Salz in das Reagenzglas füllen, dieses einige Male mit der Kordel umwickeln und um den Flaschenhals binden. Die Webbänder ebenfalls umbinden und verknoten.

3 Den Geldschein anhand der Skizzen in Form eines Hauses falten.

4 Die zweite Kordel in der Mitte zusammenlegen, die Perle über beide Stränge auffädeln und die Kordel um den Flaschenhals knoten.

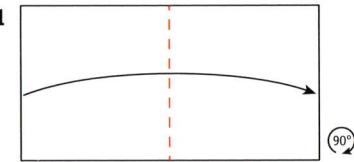

1
Geldschein mittig falten und um 90° drehen.

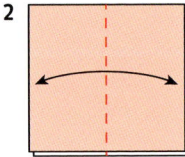

2
Nochmals mittig falten.

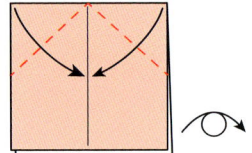

3
Die oberen Ecken jeweils bis zur Mitte falten, Schein wenden.

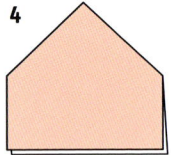

4
Fertig ist das Haus.

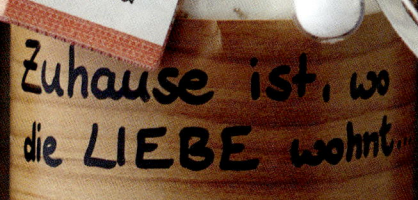

Schicke Bonbonniere

Süße Überraschung

MOTIVHÖHE
ca. 14 cm

MATERIAL

- Glas mit Holzdeckel
- Möbelknauf
- Bohrer in passender Stärke
- Acrylfarbe in Türkis und Kupfer
- Geschenkanhänger
- Garnkordel in Kupfer, 60 cm lang
- Webband in Hellgrün gemustert, 5 mm breit, 30 cm lang
- 5 Rechtecke aus Cellophanfolie, 10 cm x 8 cm
- hübsche Bonbons

1 Im Deckel mittig ein Loch für den Möbelknauf bohren. Anschließend den Deckel mit türkisfarbener Acrylfarbe bemalen und trocknen lassen. Sobald er vollständig getrocknet ist, können Sie ihn mit kupferfarbenen Pünktchen verzieren. Nun den Möbelknauf durch das vorgebohrte Loch stecken und fixieren.

2 Geldmünzen nach Belieben in die zugeschnittenen Folienstücke wickeln. Die Bonbons abwechselnd mit den „Münzbonbons" ins Glas füllen und dieses zum Schluss verschließen.

3 Befestigen Sie das Etikett mit einem Stück Kordel am Glas und binden Sie das hellgrüne Webband um.

Mein Tipp für Sie

Wenn es besonders schnell gehen muss, können Sie einfach ein hübsches Stück Stoff über den Deckel binden oder ein Glas mit buntem Schraubdeckel verwenden.

Lustiger Drachen

Ein Geschenk kommt angeflogen

MOTIVHÖHE
20 cm x 30 cm

MATERIAL
- Karton, A4
- Baumwollstoff in Hellgrün mit Pünktchen, 20 cm x 40 cm
- Kopierpapier in Weiß, A4
- Stoffreste in Gelb kariert, Hellblau gepunktet und Türkis mit Sternchen, je 6 cm x 9 cm
- Leinenstrukturpapierrest in Pink
- Garn in Gelb, Türkis, Hellgrün und Orange, je 60 cm lang
- Garnkordel in Kupferfarben, ca. 1 m lang
- Filzstift in Schwarz
- Buntstift in Weiß und Rot

VORLAGE
Bogen B

1   Übertragen Sie die Drachenvorlage auf den Karton und schneiden sie aus. Bestreichen Sie nun die Vorderseite mit einem Klebestift und kleben Sie den Stoff faltenfrei auf. Den Stoff so zuschneiden, dass rund um den Drachen noch etwa 3 cm überstehen. Diese Enden auf der Rückseite der Drachenform festkleben.

2   Die kleinere Drachenvorlage auf das Kopierpapier übertragen und ausschneiden. Legen Sie die Kordel im unteren Teil des Drachen an und kleben sie zwischen den beiden Drachenformen fest.

3   Um die Tasseln anzufertigen, verwenden Sie einen 5 cm breiten Streifen aus dem Kartonrest. Alle vier Garnfarben gleichzeitig fünf- bis sechsmal um den Karton herumwickeln. Binden Sie alle Stränge an einer Seite mit einem Stück Garn zusammen und schneiden Sie an der gegenüber liegenden Seite die Schlaufen auf. Die Stränge am Abbindfaden mittig zusammenlegen und mit einem weiteren Stück Wolle umwickeln und gut zubinden. Stellen Sie auf diese Weise noch eine Tassel her. Die Enden gerade abschneiden. Beide Tasseln seitlich am Drachen festkleben.

4   Die Nase auf das Leinenstrukturpapier übertragen, ausschneiden und auf den Drachen kleben. Das Gesicht mit schwarzem Lackstift ergänzen, nach Belieben Lichtpunkte und rote Wangen aufmalen.

5   Die Geldscheine der Breite nach mittig zusammenlegen und dann zu Fächern falten. Einen Schein fixieren Sie als Fliege an der unteren Spitze des Drachen. Die anderen Scheine im Wechsel mit den Stoffstücken an der Kordel festknoten.

Mein Tipp für Sie

An der Drachenschnur können später Fotos befestigt werden, sie eignet sich aber auch als Aufbewahrungsort für Haarspangen!

Feuer und Flamme

Geschenk zum Verheizen

MOTIVGRÖSSE
6,5 cm x 11 cm

MATERIAL
- Große Streichholzschachtel,
  6,5 cm x 11 cm x 2 cm
- Motivkarton in Lieblingsfarben,
  11 cm x 15 cm
- Klebeetiketten in Weiß,
  6,5 cm x 3,5 cm

VORLAGE
Bogen B

1 Drei Seiten der Streichholzschachtel mit Motivkarton bekleben, die Seite mit dem Zündfeld bleibt frei.

2 Zum Beschriften können Sie entweder weiße Klebeetiketten verwenden, passend zuschneiden und mit Motivpapier unterkleben oder sie übertragen eine Vorlage Ihrer Wahl auf Motivkarton und schneiden Sie aus. Das Etikett beschriften und mittig auf die Vorderseite der Streichholzschachtel kleben.

3 Die Geldscheine sauber zusammenrollen, mit Klebeband fixieren und zu den Streichhölzern in die Schachtel legen.

Mein Tipp für Sie

Anstatt die Streichholzschachteln zu bekleben, können Sie sie auch mit Acrylfarbe bemalen. Vor dem Verschenken gut trocknen lassen!

Zuhause ist, wo
die LIEBE wohnt.

Viel Glück in Eurem

BUMM
!!! BUMM !!!
• PENG

Ich war kurz für Dich am Ende des REGENBOGEN

Von klein auf wurde in **Birgit Kaufmann**s Familie gebastelt, gesägt, genäht und gehämmert. Neben der Liebe zu Kreativität hat sie auch ein Faible für ausgefallene und besondere Geschenke – dieses Buch gab ihr Gelegenheit, sich auszutoben!

DANKE!

Die Autorin dankt der Firma Rayher (Laupheim) für die freundliche Bereitstellung von Materialien.

TOPP – Unsere Servicegarantie

WIR SIND FÜR SIE DA! Bei Fragen zu unserem umfangreichen Programm oder Anregungen freuen wir uns über Ihren Anruf oder Ihre Post. Loben Sie uns, aber scheuen Sie sich auch nicht, Ihre Kritik mitzuteilen – sie hilft uns, ständig besser zu werden.

Bei Fragen zu einzelnen Materialien oder Techniken wenden Sie sich bitte an unseren Kreativservice, Frau Erika Noll.
mail@kreativ-service.info
Telefon 0 50 52 / 91 18 58

Das Produktmanagement erreichen Sie unter:
pm@frechverlag.de
oder:
frechverlag
Produktmanagement
Turbinenstraße 7
70499 Stuttgart
Telefon 07 11 / 8 30 86 68

LERNEN SIE UNS BESSER KENNEN! Fragen Sie Ihren Hobbyfach- oder Buchhändler nach unserem kostenlosen Magazin **Meine kreative Welt.** Darin entdecken Sie dreimal im Jahr die neuesten Kreativtrends und interessantesten Buchneuheiten.

Oder besuchen Sie uns im Internet! Unter **www.topp-kreativ.de** können Sie sich über unser umfangreiches Buchprogramm informieren, unsere Autoren kennenlernen sowie aktuelle Highlights und neue Kreativtechniken entdecken, kurz – die ganze Welt der Kreativität.

Kreativ immer up to date sind Sie mit unserem monatlichen **Newsletter.** Für aktuelle Infos, Gratis-Anleitungen und Gewinnspiele gleich anmelden unter www.TOPP-kreativ.de/Newsletter

IMPRESSUM

FOTOS: frechverlag GmbH, 70499 Stuttgart; lichtpunkt, Michael Ruder, Stuttgart
FALTSKIZZEN: Atelier Schwab, Haselund
PRODUKTMANAGEMENT UND LEKTORAT: Magdalena Wassen
GESTALTUNG: Tatjana Ströber
DRUCK: GPS Group GmbH, Österreich

3. Auflage 2019

© 2018 **frechverlag** GmbH, Turbinenstraße 7, 70499 Stuttgart

ISBN 978-3-7724-4345-9 • Best.-Nr. 4345